AF198567

Rosenheim

lieben lernen

Der perfekte Reiseführer für einen unvergesslichen Aufenthalt in Rosenheim inkl. Insider-Tipps und Packliste

Yvonne Fischer

✈ INHALT

Das erwartet Sie in diesem Buch

Rosenheim – a so schee is scho! (so schön ist es schon!). Beginnend mit einem Streifzug durch die Geschichte der Stadt verrate ich Ihnen, was es denn überhaupt mit der „Heimat der Rosen" auf sich hat. Auch werde ich Sie damit vertraut machen, was für diese schöne oberbayerische Stadt so typisch ist. Für einen angenehmen Aufenthalt ist natürlich eine passende Unterkunft gefragt. Dafür gibt es hier vielerlei Möglichkeiten und ich zeige Ihnen, wo Sie in Rosenheim am besten übernachten. Für das leibliche Wohl soll selbstverständlich ebenfalls gesorgt sein, was in dieser Stadt aber ein Leichtes ist, denn hier wird gut und gerne gegessen. Und um Ihnen die Auswahl zu erleichtern, sage ich Ihnen meine Lieblingsrestaurants. Ob Kultur, sportlich unterwegs oder einen Städtetrip mit Erholungscharakter bevorzugend – hier in Rosenheim sind Sie richtig! Allein das Angebot für Kulturinteressierte ist vielfältig. Nach einer Stadttour können Sie sich in eines der Museen begeben und abends den Tag mit einem Konzert oder Theaterstück ausklingen lassen.

Wer es nun doch lieber sportlich mag, kann neben einer Erkundung Rosenheims eines der vielfältigen Sportangebote nutzen. Und dies nicht nur in der Stadt, denn in der näheren Umgebung gibt es auch zahlreiche Seen, die zu sportlichen Aktivitäten einladen. Unsere Seen in der Region haben auch einen unschlagbaren Erholungscharakter. Aber um zu entspannen, können Sie auch in Rosenheim bleiben, ich verrate Ihnen, wie das hier am besten geht. Auch für die Abendgestaltung gebe ich Ihnen gerne ein paar Empfehlungen, welche Bars sind „in" und wo geht man am besten feiern? Und zu guter Letzt gibt es einen kleinen Sprachführer für das Bayerische, damit Sie sich auch ohne Probleme mit „de Leid vo do" (den Leuten von hier) verstehen.

Kurze Stadtgeschichte

Schon die Römer erkannten die günstige Lage am Inn, zwischen Augsburg, Regensburg, Salzburg und dem Brenner, und so errichteten sie im Jahre 15 v. Chr. die „Pons Aeni" (dt. Innbrücke) ca. 5 km nördlich vom heutigen Rosenheim. Die Pons Aeni bildete die Kreuzung zweier wichtiger, von den Römern errichteten Handelswege: Vom Brenner nach Regensburg und von Salzburg nach Augsburg. Rosenheim wurde bis zum Mittelalter ein wichtiger Verkehrsknotenpunkt und Wirtschaftsstandort und erhielt schon im Jahre 1328 das Markt-recht. Die erste urkundliche Erwähnung des Namens Rosenheim geht bereits auf das Jahr 1232 zurück. Aber woher kommt überhaupt der Name? Dazu gibt es verschiedene Theorien, ich will Ihnen die Schönste dazu verraten. Die ersten schriftlichen Hinweise zur Innschifffahrt stammen aus dem Jahre 453 und so kamen hier im Laufe der Zeit viele Innschiffer vorbei. Ihnen fiel besonders die Schönheit der Frauen dieser Region ins Auge und hübsche Frauen wurden zu dieser Zeit als „Rosen" bezeichnet. Somit wurde dieser Ort schon bald als „Heimat der Rosen" bekannt – Rosenheim!

Der Markt entwickelte sich zu einem der größ-ten und bedeutendsten Märkte Bayerns. Im Jahre 1534 wurde die erste Brauerei in Rosenheim ge-gründet – bis heute wird Bier in Bayern scherzhaft als Grundnahrungsmittel bezeichnet. Dank seiner Lage erhielt der Ort 1560 das Recht auf Salzhandel und Salzniederlage. Eine Salzniederlage ist ein auto-risiertes Lager- und Verkaufshaus für Salz. Doch schon im 17. Jahrhundert ging diese wirtschaftlich gute Zeit zu Ende, und das nicht nur durch den Rück-gang der Innschifffahrt und den Folgen des 30-

jährigen Krieges: Durch die Pest starben im Jahre 1634 ein Drittel der damals ca. 1.500 Einwohner und durch einen Brand im Jahre 1641 wurde fast der komplette mittelalterliche Markt zerstört.

Es wird hier gesagt, dass die Industrialisierung des Marktes im Jahre 1717 begann, mit der Gründung des Rosenheimer Messinghammers. Das war die erste und einzige Messingfabrik des Kurfürstentums Bayern, sie war ca. 100 Jahre lang in Betrieb. Im Jahre 1810 wurde auch eine Saline gebaut, das ist eine Anlage zur Gewinnung von Speisesalz. Rosenheim wurde so zum Mittelpunkt der bayerischen Salzproduktion, bis die Anlage schließlich 1958 geschlossen wurde.

Im Jahr 1857 erhielt Rosenheim dann die erste Bahnverbindung mit München und so wurde 1858 der erste Rosenheimer Bahnhof eingeweiht, direkt neben der Saline. 1876 wurde er an seinen heutigen Platz verlegt und das ehemalige Bahnhofsgebäude zum Rathaus umfunktioniert.

Durch diese erneute wirtschaftliche Blütezeit wurde Ende des 19. Jahrhunderts viel gebaut, besonders im typischen Jugend- und Heimatstil. Diesen können Sie noch heute betrachten, wenn Sie zum

Beispiel über den schönen Max-Josefs-Platz in der Innenstadt schlendern.

Aufgrund dieser prächtigen Entwicklung erhielt Rosenheim letztendlich 1864 das Stadtrecht durch König Ludwig II von Bayern verliehen. Schon im Jahre 1900 war Rosenheim mit 14.000 Einwohnern nach München und Ingolstadt die drittgrößte Stadt Oberbayerns.

Doch auch vor Rosenheim machte der 1. Weltkrieg keinen Halt, im August 1914 kommt es zur Mobilmachung für den Krieg. Dieser bedeutete für die Stadt das Ende des wirtschaftlichen Aufschwungs und bis zum Ende des Krieges fielen 458 Rosenheimer bzw. blieben vermisst. Bei einem Stadtrundgang können Sie dazu das 1923 errichtete Kriegerdenkmal an der Loretowiese besichtigen. Nach dem Ende des 1. Weltkrieges wurde Rosenheim 1918/1919 zu einem der Zentren von Revolution und Räteherrschaft in Bayern. Der Anteil an Juden unter den Einwohnern war damals im Vergleich zu anderen bayerischen Städten hoch. Durch Antisemitismus kam es bereits 1920 zu einem ersten Überfall einer von Juden bewohnten Villa. Die Rosenheimer Ortsgruppe der NSDAP war 1922 die zweitstärkste Ortsgruppe nach München, durch das kurzweilige Parteiverbot von 1923 bis 1925 erhielt diese Bewegung jedoch einen Rückschlag. Kurz nach der Machtergreifung der NSDAP wurden dann Wachen vor den jüdischen Geschäften aufgestellt, um vor dem Kauf in diesen Läden zu warnen. Dies wurde jedoch von dem Großteil der Bevölkerung ignoriert, sie kauften weiterhin dort ein. Trotzdem kam es bis 1937 zu einer Schließung der Hälfte der jüdischen Geschäfte.

Die Nationalsozialisten Rosenheims gingen schon 1937 mit besonderer Härte mit ihren jüdischen Mitbürgern um und wurden selbst von der Münchener Gestapozentrale zu mehr Ruhe und Ordnung angehalten, was sie jedoch nicht in ihren Taten aufhielt. Die Stadt Rosenheim bemüht sich, die Schicksale der jüdischen Bürger zur Zeit des Nationalsozialismus nachzuzeichnen. Leider ist es bislang nicht vollständig gelungen. Aus den gesichteten Dokumenten geht hervor, dass einige der jüdischen Mitbürger nach Amerika fliehen konnten, wieder andere wurden jedoch deportiert. Durch insgesamt 14 Bombenangriffe während des 2. Weltkrieges wurden insgesamt 201 Rosenheimer Bürger getötet und weitere 179 verletzt. Am 2. Mai 1945 besetzten USamerikanische Truppen kampflos die Stadt.

In den 1950er Jahren profitierte auch Rosenheim vom Wirtschaftswunder: Die ersten Waschmaschinen wurden in Deutschland verkauft und so auch in Rosenheim, es gab immer mehr Autos und die Regale in den Geschäften waren wieder prall gefüllt. Und in den 1960er Jahren kamen viele Gastarbeiter in die Stadt, vor allem Italiener. Heute wird Rosenheim auch als nördlichste Stadt Italiens bezeichnet, was jedoch eher an der typischen Inn-Salzach-Bauweise liegt: Durch Scheinfassaden vor dem eigentlichen Dach bilden mehrere Hausfassaden ein geschlossenes Ensemble. Weiter sind für diese Bauweise Laubengänge, Gewölbe in den Häusern und Erker typisch. Bewundern Sie diese Häuser bei Ihrem Rundgang durch die Stadt!

1966 wurde beschlossen, dass ehemalige Salinengelände für eine künftige Stadthalle zu kaufen, es wurde zum Kultur- und Kongresszentrum, kurz KuKo.

Im Jahr 1984 wurde die Fußgängerzone eröffnet, in der auch der schon erwähnte Max-Josefs-Platz liegt, und 1988 das über die Region hinaus bekannte Ausstellungszentrum Lokschuppen. Wechselnde, interessante Ausstellungen laden Sie zu einem spannenden Ausflug in das Gebäude des Lokschuppens ein.

2010 fand die Landesgartenschau „Innspiration" in Rosenheim statt und hinterließ ein Gebiet, das zu Sport und Erholung gleichermaßen einlädt.

Wie man also sieht, hat Rosenheim einiges an Geschichte zu bieten und im Jahr 2014 wurden die 150 Jahre der Stadterhebung gebührend gefeiert.

Mit rund 63.000 Einwohnern zählt Rosenheim noch immer zur drittgrößten Stadt Oberbayerns nach München und Ingolstadt. Lassen Sie sich von dieser herrlichen Stadt mit ihrem typisch oberbayerischen Flair begeistern!

Typisch Rosenheim

Unter dem bayerischen weiß-blauen Himmel ein Weißwurstfrühstück genießen und dabei den Dialekt der Einheimischen lauschen – ja, in Rosenheim ist es noch möglich, das typisch bayerische Flair zu erleben! Von weitem sind schon die Zwiebeltürme zu erkennen und während eines Rundgangs in der Fußgängerzone können Sie ein wundervolles bayerisches Stadtbild genießen, mit den historischen Fassaden der Häuser in der Inn-Salzach-Bauweise. Einfach herrlich! Jung wie Alt begegnen Sie hier des Öfteren noch in traditioneller, aber gerne auch mal moderner Trachtenmode auf der Straße. Bei dem alljährlichen Starkbierfest im März sowie dem berühmten Herbstfest Ende August ist das Tragen der Tracht Pflicht für jeden Rosenheimer. Bei diesen Festen darf natürlich ein gutes Bier nicht fehlen, das hier vor Ort in den Brauereien Flötzinger Bräu und Auerbräu nach dem bayerischen Reinheitsgebot gebraut wird. Die Rosenheimer sind sehr gesellig und so gibt es über das Jahr verteilt zahlreiche weitere Veranstaltungen, von denen ich Ihnen später noch ein paar verraten werde.

Das Traditionsbewusstsein der Bürger zeigt sich in ihrer Liebe zum Brauchtum und das nicht nur bei den typisch bayerischen Festen. Die Rosenheimer lieben eine deftige bayerische Mahlzeit in einer ihrer zahlreichen Wirtschaften oder den einladenden Biergärten. Bei Ihrer Entdeckungstour durch Rosenheim können Sie auch mehr als zehn sehenswerte Kirchen und Kapellen besichtigen. Der Großteil dieser Kirchen und Kapellen sind katholisch, wie auch die Mehrheit der Bevölkerung Rosenheims Katholiken sind. Der Rosenheimer liebt nicht nur seine Stadt, sondern auch die zauberhafte Region. Und so fährt er zur Erholung gerne mal an einen der schönen Seen wie den Chiemsee oder Simssee, die das bayerische Landschaftsbild hier prägen. Bis jetzt habe ich als typisch Rosenheim vor allem die Seite des traditionellen, bayerischen Städtchens aufgezeigt. Dies ist aber weit gefehlt, denn die Einwohner schätzen genauso die für Rosenheim typisch moderne Seite. Besuchen Sie doch bei Ihrem Stadtbummel ein großes Kaufhaus oder die edlen Boutiquen, die die Stadt zu bieten hat.

Ruhen Sie sich bei einem Latte Macchiato in einem modernen Café aus und abends genießen Sie dann internationale Küche. Um nach einem köstlichen Essen den Abend nun richtig ausklingen zu lassen, entscheiden Sie sich zwischen einer der zahlreichen Bars und verschiedenen Clubs. Oder Sie besuchen ein Konzert von internationalen Stars! Falls Sie auch tagsüber lieber ein anderes Programm hätten, machen Sie es wie die Rosenheimer: Profitieren Sie von den vielzähligen Kultur- und Sportangeboten! Besonders stolz sind die Rosenheimer übrigens auch auf ihre Technische Hochschule. Diese wurde schon im Jahre 1925 als privates Holztechnikum gegründet und ist heutzutage international bekannt.

Viel Spaß beim Entdecken beider Seiten Rosenheims
– traditionell wie modern!

Nützliche Informationen

ANREISE

Rosenheim befindet sich zwischen Salzburg (Entfernung: ca. 86 km) und München (Entfernung: ca. 66 km).

Mit dem Flugzeug

Wenn Sie am Flughafen in München landen, nehmen Sie von hier aus die S-Bahn bis zur Station „Ostbahnhof" und von dort aus geht es dann weiter mit dem Zug bis nach Rosenheim. Die Fahrtzeit beträgt zwischen 1 und 1,5 Stunden und die Fahrt kostet ca. 20 €. Alternativ können Sie sich natürlich auch ein Auto mieten oder ein Taxi nehmen. Die Taxifahrt kostet ca.

160 € bis 220 €.

Wenn Sie am Flughafen in Salzburg landen, nehmen Sie von hier aus den Bus zum Bahnhof und von dort aus geht es dann ebenfalls mit dem Zug weiter bis nach Rosenheim. Die Fahrtzeit beträgt ca. 1,5 Stunden und die Fahrt kostet ca. 25 €. Alternativ können Sie sich natürlich auch hier ein Auto mieten oder ein Taxi nehmen. Die Taxifahrt kostet ca. 130 € bis 150 €.

Mit der Bahn

Vom Bahnhof Rosenheim aus gibt es direkte Verbindungen nach München, Salzburg/Wien (und somit auch nach Südosteuropa) und nach Kufstein/Innsbruck (und somit auch nach Italien). Weiter gibt es Verbindungen nach Holzkirchen sowie Wasserburg am Inn und Mühldorf am Inn.

Mit dem Bus

Sie können auch mit dem Flixbus nach Rosenheim anreisen, es gibt hier zwei Fernbushaltestellen: In der Nähe des Bahnhofs, in der Luitpoltstraße sowie in der Aisinger Straße.

Mit dem Auto

Von der A8 aus München kommend nehmen Sie die Ausfahrt Rosenheim West/Kolbermoor, aus Salzburg kommend die Ausfahrt 102 Rosenheim, weiter geht es auf der B15 nach Rosenheim. Wenn Sie von der A93 aus Tirol (die Fortsetzung der österreichischen A12) kommen, nehmen Sie die Ausfahrt 102 Rosenheim, weiter geht es auch hier auf der B15 nach Rosenheim.

UNTERWEGS IN ROSENHEIM

Zu Fuß

Sie können im Zentrum von Rosenheim sehr gut alles zu Fuß erreichen, ich persönlich bevorzuge dies auch. So können Sie nämlich besonders gut das schöne Stadtbild genießen und in das Leben der Rosenheimer eintauchen.

Mit dem Fahrrad

Am Bahnhof gibt es einen von der Caritas betriebenen Fahrradverleih – so können Sie Rosenheim und die nähere Umgebung auch auf dem Rad erkunden. Der Verleih hat montags bis freitags von 7:00 Uhr bis 19:00 Uhr geöffnet.

Mit dem Bus

Es gibt 12 Stadtbuslinien sowie vier Nachtbuslinien, die der „Stadtverkehr Rosenheim" betreibt. Genauere Informationen zu den einzelnen Linien sowie das für Sie günstigste Ticket finden Sie auf www.stadtverkehr-rosenheim.de.

ÜBERNACHTEN

Von preiswert bis luxuriös, ich helfe Ihnen, die für Sie passende Unterkunft zu finden.

B&B Hotel Rosenheim-Trip
Eduard-Rüber Straße 1
www.hotelbb.de/rosenheim
Tel.: +49 (0) 8031 901099-0

Wenn Sie sich zu Fuß auf Entdeckungstour machen wollen, liegt dieses Hotel ideal! Und Sie werden hier von einem netten und freundlichen Personal erwartet. Die sehr gepflegten Zimmer sind einfach und modern eingerichtet.

Dieses Hotel liegt zentral, direkt am Bahnhof. Zimmerpreise zwischen 60 € und 90 €. Es gibt hier ein Frühstücksbuffet, dieses kostet pro Erwachsenen 8,50 € und für Kinder bis 12 Jahre 3 €.

Parkhotel Crombach ***S
Kufsteiner Straße 2
www.parkhotel-crombach.de
Tel.: +49 (0) 8031 3580

Perfekt für Ihren Städtetrip befindet sich dieses Hotel im Herzen Rosenheims. Durch das reichhaltige Angebot am Frühstücksbuffet starten Sie gestärkt in den Tag und bei Fragen hat das freundliche Personal stets ein offenes Ohr für Sie. Profitieren Sie auch von dem hauseigenen, kostenfreien Fitnessraum!

Dieses Hotel liegt zentral, direkt bei der Fußgängerzone und dem Kultur- und Kongresszentrum. Zimmerpreise zwischen 90 € und 150 €. Das Frühstücksbuffet kostet 8,50 € pro Person.

My Home My Hotel
Am Oberfeld 25
www.myrosenheim.com
Tel.: +49 (0) 8031 617480

Das erst vor kurzem eröffnete Designhotel besticht durch seine einzigartige Architektur. Der freundliche, unaufdringliche Service macht es Ihnen leicht, sich hier zu entspannen. Gönnen Sie sich abends einen Besuch im hoteleigenen Restaurant Goldmund, das Ihnen regionale wie internationale Spezialitäten serviert.

Entfernung zum Zentrum ca. 5 km. Zimmerpreise zwischen 80 € und 90 €. Das Frühstück kostet 10,50 € pro Person.

Hotel Ariadne
Kirchenweg 38
www.hotel-ariadne.de
Tel.: +49 (0) 8031 26500

Am reichhaltigen Frühstücksbuffet können Sie sich für einen spannenden Tag in Rosenheim stärken und abends finden Sie Erholung in einem der komfortablen und schön eingerichteten Zimmer. Der Service ist ausgesprochen freundlich und höflich. Es erwartet Sie ebenfalls ein Restaurant mit hochwertiger, saisonaler, bayerischer Küche. Auch Radfahrer sind hier willkommen!

Entfernung zum Zentrum ca. 2 km. Zimmerpreise zwischen 60 € und 150 €.

Hotel – Landgasthof Happinger Hof ***S

Happinger-Straße 23 - 25

www.happingerhof.de

Tel.: +49 (0) 8031 616970

Hier finden Sie eine besondere Wohlfühloase! Genießen Sie das bayerische Flair dieses Hotels und lassen Sie sich bei bayerischen Schmankerln in dem eigenen, für hier typischen Gasthof mit Biergarten verwöhnen. Besonders geeignet auch für Familien, es gibt einen Spielplatz und einen Streichelzoo.

Entfernung zum Zentrum ca. 3,5 km. Zimmerpreise zwischen 60 € und 150 €. Das reichhaltige Frühstücksbuffet ist im Preis mit inbegriffen.

Hotel San Gabriele****
Zellerhornstraße 16
www.hotel-sangabriele.de
Tel.: +49 (0) 8031 26070

Dieses luxuriöse Hotel entstand aus einem Gebäude aus dem Jahre 1510 und erinnert an ein mittelalterliches Kloster. Es besticht nicht nur durch die einzigartige Architektur, sondern auch durch den exzellenten Service und das hervorragende Restaurant „Il Convento", mit italienischer Küche.

Entfernung zum Zentrum ca. 2 km. Zimmerpreise zwischen 95 € und 235 €. Das Frühstück kostet pro Person 10 €. Und für einen Aufpreis von 15 € pro Nacht dürfen Sie hier gerne auch Ihr Haustier mitbringen.

ESSEN UND TRINKEN

Cafés

Gönnen Sie sich doch während Ihrer Stadtbesichtigung eine gute Tasse Kaffee! Dafür kann ich Ihnen vor allem meine folgenden Lieblingscafés empfehlen:

Dinzler

Max-Josefs-Platz 8

www.dinzler.de/gastronomie/dinzler-am-max-jo-sefs-platz

Tel.: +49 (0) 8031 798899

Dieses Café gehört zur Kaffeerösterei Dinzler und ist weit über Rosenheim hinaus bekannt für den exzellenten Kaffee. Ob schon morgens für ein gutes Frühstück oder nachmittags für eine kleine Pause – im Café Dinzler sind Sie in jedem Fall richtig! Hier können Sie montags bis freitags von 8:30 Uhr bis 18:30 Uhr sowie samstags von 8:30 Uhr bis 18:00 Uhr vorbeikommen. An Sonn- und Feiertagen ist geschlossen.

Aran

Max- Josefs-Platz 16

www.aran.coop

Tel.: +49 (0) 8031 9005750

Sie werden sich hier nicht nur bei Sonnenschein wohlfühlen, denn an regnerischen Tagen setzen Sie sich einfach in das Café mit seinem Rundgewölbe und der schönen Einrichtung. Das Aran ist nicht nur für den guten Kaffee, sondern auch für sein gutes, frischgebackenes Brot bekannt. Also genau das Richtige für eine kleine Stärkung! Statten Sie diesem hübschen Café montags bis freitags zwischen 8:30 Uhr und 19:00 Uhr sowie samstags von 8:30 Uhr bis 18:00 Uhr einen Besuch ab. An Sonn- und Feiertagen ist geschlossen.

Das Kaffeehaus
Kufsteiner Straße 14
www.cafe.daskaffeehaus.de
Tel.: +49 (0) 8031 23544418

Prosecco-Frühstück, ein kleines Mittagsgericht oder ein gutes Stück Kuchen für zwischendurch? Hier finden Sie eine große Auswahl an Köstlichkeiten – und immer feinsten Kaffee! Montags bis samstags können Sie hier zwischen 8:00 Uhr und 19:00 Uhr einen Kaffee genießen, sonn- und feiertags zwischen 10:00 Uhr und 18:00 Uhr.

Eisdielen

Genießen Sie an den heißen Tagen doch ein kühles Eis in der nördlichsten Stadt Italiens! Hier haben Sie die Qual der Wahl:

Le Delizie

Herzog-Otto-Straße 10

www.ledelizie-rosenheim.de

Tel.: +49 (0) 8031 3046146

Selbst hergestelltes Eis nach traditioneller Rezeptur und darüber hinaus noch feinste italienische Konditoreispezialitäten – absolut empfehlenswert! Es ist täglich von 10:30 Uhr bis 23:00 Uhr geöffnet, Dienstag ist Ruhetag.

Eiscafé San Marco

Heilig-Geist-Straße 13

www.eiscafe-sanmarco.com

Tel.: +49 (0) 8031 381127

Ein leckerer Eisbecher mit hausgemachtem Eis, ein guter Crêpe oder doch lieber einen Aperitivo? Lassen Sie sich verwöhnen! Im Februar, März, Oktober und November kommen Sie montags bis samstags von 9:00 Uhr bis 19:00 Uhr vorbei und sonn- und feiertags ab 10:00 Uhr. Von April bis September werden

Sie hier montags bis samstags von 9:00 Uhr bis 21:00 Uhr und sonn- und feiertags ab 10:00 Uhr begrüßt. Im Dezember und Januar hat das Eiscafé San Marco geschlossen.

Eiscafé Venezia
Max-Josefs-Platz 4
Tel.: +49 (0) 8031 15127

Gönnen Sie sich einen wunderbar dekorierten, köstlichen Eisbecher und beobachten Sie nebenbei den Trubel der Innenstadt. Und wenn Sie an regnerischen Tagen Lust auf ein Eis bekommen, sind Sie hier ebenfalls richtig: Machen Sie es sich im hübschen Rundgewölbe gemütlich. Hier ist täglich von 10:00 Uhr bis 23:00 Uhr für Sie geöffnet.

Restaurants

In Rosenheim gibt es eine große Auswahl an feinster regionaler, wie internationaler Küche und so kommt hier jeder auf seine Kosten. Wählen Sie zwischen bayerisch, italienisch, türkisch, griechisch, kroatisch, indisch, mexikanisch und asiatisch. Unter www.touristinfo-rosenheim.de finden Sie hierfür einen ausführlichen Gastronomieführer.

Aber um Ihnen die Auswahl etwas zu erleichtern, empfehle ich Ihnen hier meine ganz persönlichen Favoriten!

De boarischen Schmankerl (die bayerischen Delikatessen) finden Sie hier:

Flötzinger Bräustüberl €€
Samerstraße 17
www.floetzinger-braeustueberl.de
Tel.: +49 (0) 8031 2326600

Hier werden Ihnen neben bayerischen, deftigen Gerichten auch vegetarische Speisen geboten, alle aus regionalen Produkten und nur in höchster Qualität hergestellt. Lassen Sie Ihren Abend in dem typisch bayerischen Biergarten mit einer Maß (ein 1-Liter-Krug Bier) vom Flötzinger Bräu aus Rosenheim ausklingen! Es erwarten Sie durchschnittliche Preise. Es ist täglich für Sie von 11:00 Uhr bis 24:00 Uhr geöffnet, Montag ist Ruhetag.

Tante Paula – Gasthausbrauerei im Mailkeller €€ -
€€€

Schmettererstraße 20

www.tantepaula-gasthausbrauerei.de

Tel.: +49 (0) 8031 8873088

In diesem stilvoll eingerichteten Gasthaus können Sie nicht nur herzhaft bayerisch essen. Neben einem veganen Gericht können Sie auch zwischen einem guten Burger oder einem Bauernfladen wählen. Und all die leckeren Speisen können Sie hier nicht nur mit einem Bier vom Flötzinger Bräu genießen, nein, hier wird sogar selbst gebraut! Und dazu werden regelmäßig auch noch Bier-Braukurse angeboten. Die Preise des Gasthauses sind durchschnittlich bis hoch. Hier werden Sie täglich von 11:30 Uhr bis 22:00 Uhr erwartet, es gibt keinen Ruhetag.

Gasthaus zum Stockhammer €€ - €€€

Max-Josefs-Platz 13

www.gasthaus-stockhammer.de

Tel.: +49 (0) 8031 4099971

Ob in den gemütlich eingerichteten Stuben oder dem herrlichen Biergarten – hier können Sie sich im Herzen Rosenheims wohlfühlen! Es werden Ihnen traditionelle Gerichte in höchster Qualität geboten. Und serviert werden Ihnen diese leckeren Speisen von einem freundlichen und zuvorkommenden Personal. Die Preise sind hier etwas höher, aber das Preis-Leistungs-Verhältnis stimmt. Sie werden hier montags bis samstags von 9:00 Uhr bis 23:00 Uhr verwöhnt. Zusätzlich ist an einigen Sonn- und Feiertagen geöffnet, informieren Sie sich dazu am besten auf der Website des Gasthauses Stockhammer!

Wenn Sie sich lieber dem Flair der nördlichsten Stadt Italiens hingeben möchten, sind Sie bei diesen Adressen genau richtig:

L'incontro €€ - €€€

Mühlbachbogen 1c

www.lincontro-rosenheim.de Tel.: +49 (0) 8031 2328728

Hier können Sie original italienische Köstlichkeiten genießen, von Antipasti über Pasta bis hin zu Fleisch – und Fischgerichten. Wenn Sie jedoch lieber eine

Pizza möchten, ist es nicht zu empfehlen – Pizza wird im L'incontro nicht angeboten. Die Preise sind durchschnittlich bis hoch. Kommen Sie täglich von 11:30 Uhr bis 14:30 Uhr und von 17:30 Uhr bis 23:30 Uhr vorbei, Sonntag ist Ruhetag.

Cortina € - €€€

Nikolaistraße 10

www.cortina-rosenheim.de

Tel.: +49 (0) 8031 2211503

Pasta, Fleisch, Fisch – oder doch lieber eine Pizza? Hier haben Sie die Qual der Wahl! Leckere italienische Küche und ein sehr freundlicher Service. Gönnen Sie sich einen Hauch Italien während Ihres Rosenheim Besuchs! Die Preise sind durchschnittlich bis hoch. Hier ist täglich von 11:30 Uhr bis 14:00 Uhr sowie von 17:30 Uhr bis 22:30 Uhr für Sie geöffnet. Montag ist Ruhetag.

Weitere internationale Köstlichkeiten finden Sie hier ...

Wie wäre es mit Griechisch?

Restaurant Mykonos €€

Innstraße 26

www.mykonos-rosenheim.de

Tel.: +49 (0) 8031 9087908

Liebhaber der original griechischen Küche werden sich in diesem freundlichen Familienbetrieb wohlfühlen. Im Sommer können Sie sich hier nach einem ereignisreichen Tag in Rosenheim auch im wundervollen Biergarten entspannen. Die Preise sind durchschnittlich. Dienstags bis sonntags ist ab 17:30 Uhr für Sie geöffnet und sonntags zusätzlich von 11:30 Uhr bis 14:30 Uhr. Montag ist Ruhetag.

Oder sagt Ihnen doch die asiatische Küche mehr zu?

BAMA €€ - €€€

Prinzregentenstraße 17

www.bama-rosenheim.com

Tel.: +49 (0) 8031 2715558

Gönnen Sie sich etwas Besonderes und verbringen Sie einen Abend in diesem überaus schicken Restaurant, hier wird die moderne Seite der Stadt

Rosenheim sichtbar. Genießen Sie die leckeren vietnamesischen Gerichte oder auch Sushi, das ist hier besonders zu empfehlen! Die Preise sind durchschnittlich bis hoch. Sie werden montags bis freitags von 11:30 Uhr bis 14:30 Uhr sowie von 17:30 Uhr bis 23:00 Uhr erwartet. Samstags, sonn- und feiertags ist von 17:30 Uhr bis 23:00 Uhr geöffnet.

Und wenn Ihnen die indische Küche schmeckt oder Sie diese einfach mal ausprobieren möchten, kann ich Ihnen dieses Restaurant empfehlen:

Taj Mahal €€

Königstraße 5

www.tajmahal-rosenheim.de

Tel.: +49 (0) 8031 2214632

„Man soll dem Leib etwas Gutes bieten, damit die Seele Lust hat, darin zu wohnen" (Winston Churchill). Das ist das Motto dieses Restaurants – probieren Sie die hier mit viel Liebe zubereiteten indischen Spezialitäten aus und Sie werden verstehen warum! Es erwartet Sie ein durchschnittliches Preisniveau. Kommen Sie montags bis freitags von 11:00 Uhr bis 14:30 Uhr und von 17:30 Uhr bis 23:00 Uhr vorbei. Samstags und sonntags ist von 11:00 Uhr bis 15:00 Uhr sowie von 17:30 Uhr bis 23:00 Uhr geöffnet.

EINKAUFEN

Ob Kleidung, Schuhe, Lederwaren, Accessoires, Unterhaltungselektronik, Haushaltswaren oder regionale Lebensmittel – in Rosenheim werden Sie fündig! So ist Rosenheim auch seit vielen Jahren die führende Einkaufsstadt der Region.

Für Ihren Städtetrip empfehle ich persönlich, zum Einkaufen einen Bummel durch die Innenstadt zu machen. Hier finden Sie nicht nur deutschlandweite Ketten wie das Kaufhaus Karstadt vertreten, sondern auch edle Boutiquen. Und Sie können sich jederzeit in einem der zahlreichen Restaurants oder Cafés niederlassen und das Treiben der Stadt genießen!

Wenn Sie sich für die typische bayerische Tracht interessieren, kann ich Ihnen meine folgenden Lieblingsläden ans Herz legen:

Goldstück Dirndl

Innstraße 22

www.goldstueck-dirndl.com

Tel.: +49 (0) 8031 2473915

Seit 2011 werden hier Dirndl (die klassische Tracht für die Frau) selbst genäht und auch schicke Lederhosen für die Männer angeboten. Lassen Sie sich von der bayerischen Tracht verzaubern – vielleicht finden Sie ja auch Ihr persönliches „Goldstück"! Es ist mittwochs bis freitags von 10:30 Uhr bis 17:00 Uhr und samstags von 10:30 Uhr bis 14:00 Uhr geöffnet.

Trachten Unterseher

Ludwigsplatz 30 - 31

www.trachten-unterseher.de

Tel.: +49 (0) 8031 14846

In diesem familiengeführten Traditionshaus finden Sie original bayerische Trachtenmode für Jung und Alt. Trachten Unterseher führt eine Vielzahl verschiedener, hochwertiger Marken. Kommen Sie vorbei, Sie werden hier montags bis freitags von 9:30 Uhr bis 18:30 Uhr und samstags von 9:30 Uhr bis

18:00 Uhr erwartet.

Ein Tipp für Schuh-Begeisterte: In Rosenheim gibt es ein Gabor Outlet und direkt daneben das Gabor Museum für Schuh- und Zeitgeschichte. Sie finden beides hier:

Gabor Outlet Rosenheim
Marienberger Straße 31

Das Gabor Outlet hat für Sie montags bis freitags von 9:30 Uhr bis 18:30 Uhr und samstags von 9:30 Uhr bis 18:00 Uhr geöffnet.

Und wenn Sie sich mehr für frische, regionale Lebensmittel interessieren, habe ich auch ein paar Tipps für Sie.

EDEKA Markt Schweiger
Küpferlingstraße 2

In diesem EDEKA Markt werden Produkte der Marke RegRo angeboten. Die Marke RegRo vertreibt regionale Produkte aus der Region, von Eiern, Mehl und Nudeln über Essig und Sauerkraut bis hin zu Eis. Es ist montags bis samstags von 8:00 Uhr bis 20:00 Uhr geöffnet.

Grüner Markt

Ludwigsplatz

Beim „Grünen Markt" finden Sie viele verschiedene Stände, das Motto sind landfrische Produkte direkt vom Erzeuger. Gemüse, Obst, Geflügel, Wurst, Käse, Eier, Blumen, Pflanzen und vieles mehr. Überzeugen Sie sich selbst von dem reichhaltigen Angebot und schauen Sie vorbei! Dieser Markt findet von montags bis samstags zwischen 7:00 Uhr und 14:00 Uhr statt.

Es gibt in der näheren Umgebung Rosenheims auch noch viele Hofläden, die frische Produkte in höchster Qualität anbieten. Mein persönlicher Favorit ist der Hofladen der Bio-Gärtnerei Kernerhof.

Bio-Gärtnerei Kernerhof

Vierzehn-Heiligen-Straße 98

83071 Stephanskirchen/Rosenheim

www.bio-gemuese-rosenheim.de

Tel.: +49 (0) 8031 72637

Seit 1994 ist der Kernerhof ein Biobetrieb. Es gibt hier selbst angebautes Obst und Gemüse, Honig von den eigenen Bienenhäusern, Nudeln hergestellt aus den eigenen Eiern und sogar selbstgebrannte Schnäpse und Liköre. Diese und alle weiteren angebotenen Produkte sind allesamt in Bio-Qualität. Dienstags, mittwochs und freitags erwartet man Sie hier von 9:00 Uhr bis 12:00 Uhr sowie von 14:00 Uhr bis 18:00 Uhr, samstags von 8:00 Uhr bis 14:00 Uhr.

FREIZEITMÖGLICHKEITEN UND NACHTLEBEN

Das Flair einer Stadt bei einem gemütlichen Stadtbummel erkunden, Kulturangebote nutzen und kein Museum auslassen, sich einfach auch einmal Ruhe gönnen, um sich zu erholen und zu entspannen, immer sportlich unterwegs oder sich in das Nachtleben stürzend – egal, was für ein Reisetyp Sie sind: Hier in Rosenheim kommen Sie auf Ihre vollen Kosten! Und damit Sie auch wissen, wo genau für Sie die richtige Adresse ist, zeige ich Ihnen die besten Freizeitmöglichkeiten dieser bezaubernden Stadt.

Sehenswürdigkeiten
Wenn mich Freunde besuchen kommen, werde ich nicht müde, Ihnen immer wieder dieselben Orte zu

zeigen, sie gefallen mir einfach jedes Mal erneut. Lassen auch Sie sich diese Sehenswürdigkeiten bei Ihrem gemütlichen Stadtbummel in Rosenheim nicht entgehen!

Salingarten

Direkt vor dem Kultur- und Kongresszentrum (Kufsteiner Straße 4)

Der heutige Salingarten war ehemals Teil des Geländes der Rosenheimer Saline. Unter anderem wurde hier am 28. September 1864 die Stadterhebung Rosenheims gefeiert. Die Saline war bis ins Jahr 1958 hinein in Betrieb und im Jahre 1987 ist der Salingarten dann zu einem Skulpturgarten umgestaltet worden. Sie können hier Skulpturen von bedeutenden Bildhauern aus Rosenheim und der Region bewundern.

Roßackerkapelle

Am Roßacker 5

Der Bierbrauer Martin Schmetterer und seine Frau Magdalena stifteten 1737 die Kapelle „Zu den heiligen Sieben Zufluchten" und ließen sie über ihren Bierkellern errichten. Hier können Sie ein

Kunstwerk des bayerischen Rokoko bewundern! Die Kapelle wurde von dem Baumeister Abraham Millauer aus dem Umkreis der Dientzenhofer mit Hilfe von Stuckateuren aus der Werkstatt von Johann Baptist Zimmermann und dem Maler Johann Zick verwirklicht.

Riedergarten

Zwischen Rathaus – und Königstraße

Dieser wundervolle Park wurde zunächst im Jahre 1729 als Apothekergarten der Familie Rieder angelegt. Im Jahre 1925 ging der Garten dann in den Besitz der Stadt Rosenheim über. Daraufhin wurde er zu einem Zier- und Lehrgarten und es wurde auch ein „Alpinum" für die Alpenflora angelegt. Im Jahr 2010 fand die Landesgartenschau in Rosenheim statt und dazu wurde der Südteil des Gartens erweitert sowie ein neuer Apothekergarten mit Heilkräutern angepflanzt. Gönnen Sie sich hier eine Pause von Ihrer Stadtbesichtigung und entspannen Sie sich bei der herrlichen Pflanzenpracht! Es gibt hier ebenfalls einen Spielplatz.

Gillitzerblock

In den Jahren 1894 bis 1897 wurde der „Gillitzerblock" von dem Münchener Unternehmer Thomas Gillitzer erbaut. Dieser Bau ist allen Rosenheimern bekannt, gehörten zu ihm doch 15 Häuser zwischen Gillitzer-, Münchener- und Prinzregentenstraße. Die meisten dieser Häuser wurden jedoch Ende der 1960er Jahre durch zwei große Neubauten ersetzt: Dem Kaufhaus Karstadt sowie dem „neuen Gillitzerblock". An der Münchener Straße können Sie noch heute eine beeindruckende Hausfassade der Gründerzeit bewundern.

Heilig-Geist-Kirche

Heilig-Geist-Straße 1

Im Jahre 1449 ließ der reiche Bürger Hans Stier diese Kirche erbauen. Zunächst war der Baustil gotisch und der Kirchturm trug einen gotischen Spitzhelm. Doch nach dem Stadtbrand 1641 wurde der Spitzhelm durch einen für diese Region typischen, barocken Zwiebelturm ersetzt. Ab dem Jahre 1684 wurde auch das Innere der Kirche barockisiert. Sehen Sie sich auch das Lucca-Bild an, eine Secco-Malerei aus dem 15. Jahrhundert. Es befindet sich in der

Wolfgangskapelle, welche Teil der Kirche ist.

Mittertor

> Am Max-Josefs-Platz, Richtung Ludwigsplatz

Dieses Tor ist das einzig erhaltene Markttor Rosenheims. Vor 1350 war es das Osttor des Marktes Rosenheim, welcher damals noch von einem doppelten Graben umgeben war. Das Mittertor trennte seit dem 15. Jahrhundert den äußeren Markt vom inneren Markt und hatte die Funktion eines Verwaltungsgebäudes inne, die sogenannte Marktschreiberei. Im Inneren ist das Mittertor das älteste Gebäude der Stadt, in dem sich heute das städtische Museum befindet. Sehenswert ist hier auch der nach 1641 angebrachte Zwiebelturm. An der Fassade zur Seite des Ludwigsplatzes ist das Wappen Rosenheims angebracht: Die weiße Rose auf dem roten Grund. Wenn Sie nun noch ein paar Schritte weitergehen, können Sie vor dem Schuhhaus Reindl eine Kanonenkugel aus napoleonischer Zeit begutachten.

Ludwigsplatz

Im 15. Jahrhundert wurde Rosenheim erweitert und dabei entstand als Teil des äußeren Marktes der Ludwigsplatz. Der Platz ist heute Fußgängerzone und vollkommen neugestaltet. Teilweise wurde auch der alte Stadtbach wieder freigelegt. Sehen Sie sich hier auch den schönen Fischbrunnen an. Er entstand 1928 als ein Kunstwerk des Prof. Albertshofer, um daran zu erinnern, dass früher an diesem Platz Fisch verkauft wurde. Heute finden Sie hier täglich, bis auf sonntags, den „Grünen Markt", mit regionalen, frischen Produkten.

Pfarrkirche St. Nikolaus

Ludwigsplatz 3

Diese Kirche wurde 1450 im spätgotischen Stil mit Spitzhelmturm erbaut. Sie gilt als die älteste, noch erhaltene und genutzte Kirche Rosenheims. Nachdem sie 1641 beim großen Stadtbrand bis auf die Mauern niederbrannte, wurde sie zwischen 1642 und 1657 neu erbaut und bekam einen Zwiebelturm. Die Inneneinrichtung zeigt sowohl neugotische als auch barocke Züge. Im Jahre 1880 wurde das Kirchenschiff in Richtung des Ludwigsplatzes verlängert. Im Jahre 1960 sowie in den Jahren 2004 bis 2007 wurde das Innere der Kirche nochmals renoviert, wobei vor allem die neuen Kirchenfenster eines Rosenheimer Glaskünstlers beeindrucken.

Betrachten Sie bei Ihrer Besichtigung auch das Schutzmantelmadonnenbild aus dem Jahre 1514, das älteste Kunstwerk dieser Kirche.

Extra-Tipp: Besteigen Sie den Turm der Pfarrkirche St. Nikolaus und genießen den herrlichen Ausblick über Rosenheim bis zu den Alpen! Dazu kommen Sie zwischen April und Oktober samstags um 10:45 Uhr. Falls Sie in einer Gruppe mit maximal 15 Personen kommen, müssen Sie sich aus organisatorischen Gründen bis spätestens Freitagnachmittag im Pfarrbüro anmelden. Dieses erreichen Sie unter Tel.: +49 (0) 8031 21050. Der Eintritt beträgt für Erwachsene 2 € und für Kinder 1,50 €.

Max-Josefs-Platz
Der historische Marktplatz ist seit 1984 Fußgängerzone. Hier können Sie die wunderschönen Häuser in der Inn-Salzach-Bauweise betrachten, welche nach dem großen Stadtbrand von 1641 entstanden. Der Max-Josefs-Platz gilt heute als die „gute Stube" Rosenheims. Wenn Sie Rosenheim besuchen, müssen Sie unausweichlich an diesem Platz vorbeikommen!

Kirche St. Joseph

Innstraße 6

Die Spitalkirche wurde in den Jahren 1618 und 1619 von dem Bürger Simon Peer vor dem Inntor des Marktes Rosenheim errichtet. Diese im spätgotischen Stil erbaute Kirche fiel ebenfalls dem Stadtbrand 1641 zum Opfer. Der Sohn des Stifters, Andreas Peer, ließ die Kirche im Jahre 1645 so wieder aufbauen, wie wir sie heute noch betrachten können: Als Saalbau mit Tonnengewölbe und einem typischen Zwiebelturm. Mitte des 18. Jahrhunderts wurde die Inneneinrichtung erneuert. Die Kirche bekam einen barocken Altar, eine Rokokokanzel sowie Bilder des Rosenheimer Malers Joseph Anton Höttinger, die das Leben des heiligen Joseph darstellen. Besonders an dieser Kirche ist auch der Quadraturstuck mit seiner typischen Ausprägung der Schliersee – Miesbacher Stuckatorengruppe aus dem 17. Jahrhundert.

Evang. Luth. Erlöserkirche

Königstraße 23

Der Leipziger Architekt und spätere Straßburger

Dombaumeister August Hartel erbaute diese Kirche in den Jahren 1885 bis 1886 im neugotischen Stil. Erst im Jahre 1965 wurde der Altarraum neugestaltet. Bei einem Besuch dieser Kirche können Sie drei Reliefs, Nachbildungen des Künstlers Adam Krafft und zwei Bilder des Traunsteiner Malers Wilhelm von Kotzebue sehen. Weiter gibt es hier seit 1999 den abstrakten Kreuzgang der Münchner Künstlerin Petra Winterkamp zu besichtigen. Informieren Sie sich hier auch über die wechselnden Kunstausstellungen im Pfarrgarten!

Solepumpen-Haus

Salinstraße

Für die Saline aus dem Jahre 1810, eine Anlage zur Gewinnung von Speisesalz, wurden Soleleitungen benötigt. Diese mussten immer wieder Höhenunterschiede mit Hilfe von Pumpen überwinden und so entstand das Rosenheimer Solepumpen-Haus. Hier wurde die Sole mit einem Wasserrad über ein Kolbenwerk zum Antrieb der Pumpe in die Hochreserven befördert. Dieses Haus ist mit dem ehemaligen Verwaltungs-Stock das einzige erhaltene Gebäude der ehemaligen Rosenheimer Salinenanlage.

Rathaus

Königstraße 24

Durch die Vorabendserie des ZDFs „Die Rosenheim-Cops" ist das Rosenheimer Rathaus deutschlandweit bekannt. In der Serie dient es als Polizeistation. Doch die Geschichte des Gebäudes reicht weit zurück. Wie schon in der kurzen Stadtgeschichte erwähnt, wurde es zunächst als erster Bahnhof der Stadt Rosenheim erbaut und im Jahre 1858 in Betrieb genommen. Er war als einer der schönsten Bahnhöfe Bayerns bekannt, doch schon 1876 wurde er an seinen heutigen Platz verlegt. Das Gebäude wurde umfunktioniert und dient nun schon seit dem Jahre 1878 als Rathaus der Stadt Rosenheim.

Abseits der Innenstadt können Sie auch noch folgende Sehenswürdigkeiten entdecken:

Loretokapelle

Ebersberger Straße 1

Der Rosenheimer Ratsherr Georg Schauer erkrankte schwer auf seiner Pilgerreise nach Italien und so legte er ein Gelübde ab: Wenn er gesund werde, erbaue er eine Kapelle nach dem Vorbild der „Santa

Casa" von Loreto, ein Ort Mittelitaliens. Und so wurde nach seiner Genesung die Loretokapelle erbaut und im Jahr 1636 eingeweiht. Der Rosenheimer Maler Joseph Anton Höttinger erschuf das Deckengemälde. Direkt vor der Kapelle befindet sich das 1925 errichte Kriegerdenkmal für die Gefallenen des 1. Weltkrieges.

Pfarr- und Wallfahrtskirche Heilig Blut

Heilig-Blut-Straße 43a

Diese Kirche entstand Ende des 15. Jahrhunderts. Im Inneren können Sie hochbarocken Stuck betrachten, der Chorstuck wurde 1687 von Giulio Zuccalli modelliert. Die Deckengemälde wurden in den Jahren 1686 und 1687 von dem Maler Anton Vicelli geschaffen. Am Hochaltar, dieser stammt ungefähr aus dem Jahre 1690, befindet sich eine 1520 errichtete Gnadenstuhl-Darstellung. Diese spätgotische Sitzgruppe kann zu den bedeutendsten Werken des „Meisters von Rabenden" gezählt werden.

Museen und Galerie

Schon seit meiner Kindheit geht es sonntags immer in die Berge oder in ein Museum, daher habe ich im Laufe der Jahre immer wieder alle Museen sowie auch die Galerie besichtigt. Da für mich jedes Museum seinen eigenen, besonderen Reiz hat, habe ich mich dazu entschlossen, Ihnen einfach alle hier kurz vorzustellen.

Holztechnisches Museum

Max-Josefs-Platz 4
Tel.: +49 (0) 8031 16900

Rosenheim ist auch als die „Holzstadt" bekannt, so darf hier natürlich ein Museum über die Entwicklung der Be- und Verarbeitung dieses Rohstoffes nicht fehlen. Das Museum wurde 1990 eröffnet, die 400 qm große Ausstellung befindet sich im denkmalgeschützten „Ellmaierhaus" aus dem 16. Jahrhundert. Lassen Sie sich die Geschichte der Holztechnik direkt hier, in der weltweit bekannten Holzstadt, erzählen!

Sie können dieses Museum dienstags bis freitags von 10:00 Uhr bis 17:00 Uhr und samstags sowie jeden 2. und 4. Sonntag im Monat von 13:00 Uhr bis 17:00 Uhr besichtigen. Montags und an Feiertagen ist das Museum geschlossen. Der Eintritt für Erwachsene kostet 4 €, ab einer Gruppe von 10 Personen kostet er 3 € pro Person. Schüler, Studenten und Personen im FSJ sowie Menschen mit schwerer Behinderung bekommen einen ermäßigten Eintritt von 2 €. Und für Kinder bis 6 Jahre ist der Eintritt frei. Profitieren Sie von der Familienkarte, diese kostet für einen Erwachsenen und seine Kinder bis 16 Jahre 5 € und für zwei Erwachsene und ihre Kinder bis 16 Jahre 8 €. Der Preis für eine Führung liegt bei Gruppen bis 9 Personen bei einer Pauschale von 30 €, bei Gruppen ab 10 Personen bei 3 € pro Person. Beide Angebote verstehen sich zzgl. des Eintrittspreises.

Innmuseum

Innstraße 74 (an der Innbrücke)
Tel.: +49 (0) 8031 30501

Schon zur Römerzeit war der Inn ein wichtiger Transportweg, vor allem aber während des Mittelalters bis hin zur Neuzeit. Im Innmuseum können Sie die Geschichte dieses Wasserweges erfahren und dabei ein 15 m langes Holzschiff bestaunen. Besuchen Sie das Museum in der Zeit vom 1. April bis zum 31. Oktober, an einem Samstag oder Sonntag zwischen 10:00 Uhr und 16:00 Uhr. Der Eintritt liegt bei 4 € für Erwachsene und 2 € für Kinder. Studenten,

Auszubildende, Personen im FSJ, Menschen mit schwerer Behinderung, Renten- und Pensionsempfänger sowie Gruppen ab 10 Personen erhalten einen ermäßigten Eintritt von 3 €. Profitieren Sie von der Familienkarte, diese kostet für einen Erwachsenen und seine Kinder 5 € und für zwei Erwachsene und ihre Kinder 8 €. Und für Kinder unter 6 Jahre sowie Inhaber der Bayerischen Ehrenamtskarte ist der Eintritt frei. Falls Sie an einer Führung teilnehmen möchten, kommen Sie sonntags um 14:00 Uhr vorbei, es wird eine Gruppenführung ohne Anmeldung durchgeführt. Ansonsten werden Gruppenführungen ab 10 Personen für 3 € pro Person angeboten. Das ansprechende, parkähnliche Freigelände ist für Sie ganzjährig ohne Eintritt zugänglich.

Klepper Museum

Klepperstraße 18
www.kleppermuseum.de
Tel.: +49 (0) 8031 216714

Die weltweit bekannte Firma Klepper stellt nun schon seit mehr als 100 Jahren Faltboote, „Kayaks zum Mitnehmen", her. Mit diesem 2001 neu eröffneten Museum soll nicht nur die erfolgreiche

Geschichte der Klepper Faltboote erzählt werden: Nach Vorstandssprecherin Ursula Isbruch soll es ein Ort sein „zum Treffen und Träumen von Faltbootfans und Kanusportlern". Tauchen Sie ein in die Welt dieses faszinierenden Sports! Das Klepper Museum können Sie mittwochs, donnerstags und freitags von 13:00 Uhr bis 18:00 Uhr sowie samstags von 10:00 Uhr bis 14:00 Uhr besichtigen. An Sonn- und Feiertagen ist das Museum geschlossen. Der Eintrittspreis beträgt für einen Erwachsenen 5 €, für ein Kind 1 €.

Gabor Schuhmuseum

Marienberger Straße 31

Vor allem für Schuh-Begeisterte interessant: Hier werden direkt neben dem Gabor-Outlet auf 100 qm Ausstellungsfläche die „Schuh-Highlights" der letzten 60 Jahre der Marke Gabor gezeigt. Erfahren Sie, in welchen Schuhen die Deutschen früher das Tanzbein schwangen! Sie können dieses Museum in den Sommermonaten besichtigen. Während der bayerischen Schulferien ist es montags bis samstags und außerhalb der Ferien donnerstags bis samstags immer von 10:00 Uhr bis 16:00 Uhr geöffnet. Der Eintritt ist frei.

Städtisches Museum

Ludwigsplatz 26

Tel.: +49 (0) 8031 3658751

Das Städtische Museum gibt es schon seit 1835 und befindet sich im einzig erhaltenen Markttor Rosenheims, dem Mittertor. Begeben Sie sich auf eine Zeitreise der Geschichte dieser Stadt, beginnend mit der Römerzeit bis hin zu den 1950er Jahren. In 23 realistisch nachgestellten Räumen können Sie sehen, wie die Menschen in den vergangenen Zeiten lebten. Kommen Sie dienstags bis samstags von 10:00 Uhr bis 17:00 Uhr vorbei und jeden 1., 3. und 5. Sonntag im Monat von 13:00 Uhr bis 17:00 Uhr. Montags und an Feiertagen ist das Museum geschlossen. Der Eintritt beträgt für Erwachsene 4 € und bei Gruppen ab 10 Personen 3 € pro Person. Schüler, Studenten, Personen im FSJ, Auszubildende, Menschen mit schwerer Behinderung sowie Inhaber der Ehrenamtskarte erhalten einen ermäßigten Eintritt von 2 €. Für Kinder unter 6 Jahren ist der Eintritt frei. Profitieren Sie von der Familienkarte, diese kostet für einen Erwachsenen und seine Kinder 5 € und für zwei Erwachsene und ihre Kinder 8 €. Sie können auch an einer Führung teilnehmen. Diese kostet bei Gruppen bis 9 Personen pauschal 30 €, bei Gruppen ab 10 Personen 3 € pro Person.

Lokschuppen

Rathausstraße 24

www.lokschuppen.de

Tel.: +49 (0) 8031 3659036

Der Lokschuppen Rosenheim zählt zu den 10 erfolgreichsten Ausstellungshäusern Deutschlands – und das nicht ohne Grund: Seit 1988 begeistert er Jung und Alt mit wechselnden, immer spannenden Ausstellungen. Informieren Sie sich darüber, was aktuell geboten wird oder schauen Sie einfach direkt vorbei und lassen sich überraschen! Sie können die Ausstellungen in der Regel montags bis freitags von 9:00 Uhr bis 18:00 Uhr sowie samstags, sonntags und feiertags von 10:00 Uhr bis 18:00 Uhr besichtigen. Der Eintritt beträgt bei Erwachsenen in der Regel 15 €. Für Senioren gibt es einen „Freitagsrabatt", da kostet der Eintritt nur 10 €. Für Kinder, Schüler, Studenten, Personen im FSJ, Auszubildende, Leute im BFD und Menschen mit Behinderung gibt es einen ermäßigten Eintritt von 5 € pro Person. Profitieren Sie auch von den verschiedenen Familienkarten. Die kleine Familienkarte für ein Eltern- oder Großelternteil mit eigenen Kindern oder Enkeln kostet 20 €, die große Familienkarte mit zwei Eltern- oder Großelternteilen mit eigenen Kindern oder Enkeln kostet 35 €. Montags gibt es sogar einen Extra-Rabatt, da kostet die kleine Familienkarte lediglich 15 € und die große Familienkarte lediglich 25 €. Für eine Führung wird Ihnen ein Audioguide angeboten, dieser kostet 6,25 €, mit Ermäßigung 3,50 €, zusätzlich zur kleinen Familienkarte 9,75 € und zur großen Familienkarte 16 €. Es gibt im Lokschuppen auch die Möglichkeit einer Gruppenführung, diese wird ab einer Gruppe von 10 Personen durchgeführt. Für eine Dauer von 60 Minuten kostet die Führung 6,25 € pro Person zzgl. 10 € Eintritt pro Erwachsenen, für eine Dauer von 120 Minuten kostet die Führung 12,50 € pro Person zzgl. 10 € Eintritt pro Erwachsenen.

Städtische Galerie

Max-Bram-Platz 2
www.galerie.rosenheim.de
Tel.: +49 (0) 8031 3651447

Die Städtische Galerie zählt zu den wichtigsten

Kunsteinrichtungen der Region. Das wechselnde Ausstellungsprogramm lässt Sie die Welt moderner bis zeitgenössischer Kunst erleben. Und die Galerie bietet noch mehr: Sie widmet sich auch Werken der Künstler Rosenheims und Umgebung sowie Bilder- buchillustratoren wie Janosch. Besuchen Sie die Ga- lerie dienstags bis freitags von 10:00 Uhr bis 17:00 Uhr sowie samstags und sonntags von 13:00 Uhr bis 17:00 Uhr. Montags und an Feiertagen ist die Galerie geschlossen. Der Eintritt beträgt für Erwachsene 6 €. Für Schüler, Studenten, Menschen mit schwerer Be- hinderung, Personen im FSJ, Auszubildende und In- haber der Ehrenamtskarte gibt es einen ermäßigten Eintritt von 4,50 €. Dieser Preis gilt auch donners- tags für Senioren ab 65 Jahren. Bei Gruppen ab 10 Personen liegt der Eintritt pro Person bei 5 €. Und Kinder unter 6 Jahre zahlen keinen Eintritt. Profitie- ren Sie auch von der Familienkarte, diese kostet für einen Erwachsenen und seine Kinder 7 € und für zwei Erwachsene und ihre Kinder 13 €. Es werden auch Führungen angeboten, diese kosten 3 € pro Person zzgl. des Eintritts.

Sport und Erholung

Wenn Sie bei Ihrer Erkundung Rosenheims auch den Sport nicht vergessen wollen, verrate ich Ihnen, was meine Favoriten hier in der Stadt sind. Dabei sollen auch Erholung und Entspannung nicht zu kurz kommen.

ROFA Eisstadion

Jahnstraße 1
Tel.: +49 (0) 8031 3651427

Dieses Eisstadion ist die Heimat der Rosenheimer Starbulls, ein bekannter Eishockeyclub, der in der 2. Bundesliga spielt. Doch auch Sie können hier aufs Eis! Der öffentliche Lauf findet jedes Jahr zwischen September und März statt, meist nachmittags. Kommen Sie vorbei und werden Sie zu Eisköniginnen und Eiskönigen!

Erwachsene zahlen hier pro Laufzeit 3 € und können sich für weitere 3 € Schlittschuhe ausleihen. Ermäßigten Eintritt gibt es für Kinder und Jugendliche bis 18 Jahre, Schüler, Studenten, Auszubildende, Menschen mit schwerer Behinderung und Inhaber der Ehrenamts- und Jugendleiterkarte. Diese zahlen pro Laufzeit 2 € und eine Leihgebühr für Schlittschuhe von 2 €.

In(n) Bowling Rosenheim

Dr. Steinbeißerstraße 5

www.inn-bowling.de

Tel.: +49 (0) 8031 3040575

Ob Bowling eine Sportart ist oder nicht, wird oft kontrovers diskutiert, aber mein Muskelkater nach einem Abend im In(n) Bowling spricht definitiv dafür. Auch wenn es nicht im Zentrum der Stadt liegt, ist es einen Besuch wert und für Ihr leibliches Wohl wird ebenfalls gesorgt. Kommen Sie vorbei und schieben Sie eine Kugel! Von Oktober bis April ist hier montags bis freitags ab 16:00 Uhr und samstags sowie sonntags ab 10:00 Uhr geöffnet. Von Mai bis September werden Sie montags bis freitags ab 16:00 Uhr erwartet und am Wochenende ab 14:00 Uhr. Das In(n) Bowling schließt abends zwischen 23:00 Uhr und 02:00 Uhr. Der Preis pro Bahn und Stunde beträgt von Montag bis Donnerstag bis 20:00 Uhr 18 €, ab 20:00 Uhr 23 €. Freitags kostet es bis 20:00 Uhr 21 € und ab 20:00 Uhr 29 €. Samstags, sonntags und feiertags liegt der Preis bis 13:00 Uhr bei 15 € und von 13:00 Uhr bis 20:00 Uhr bei 21 €. Abends kostet es dann samstags 29 € und sonn- und feiertags 26 €. Sie können sich hier auch gerne Schuhe gegen eine Leihgebühr von 2 € ausleihen.

Schwimmen

Freibad Rosenheim
Chiemseestraße 14
www.swro.de/baeder/freibad.html
Tel.: +49 (0) 8031 3652840

An heißen Tagen kommen Sie einfach hier vorbei und genießen ein kühles Bad, auch wenn es nicht direkt im Zentrum liegt, lohnt es sich! Sie finden hier ein Familienbecken, ein Schwimmerbecken und ein Kinderbecken. Entspannen Sie sich weiter bei Nackendusche und Massagedüsen, das tut besonders gut. Das Freibad hat von Mai bis September täglich von 7:30 Uhr bis 20:00 Uhr geöffnet. Der Eintritt kostet 3,60 € pro Person, ermäßigt 2,50 €. Kinder bis 6 Jahre erhalten in Begleitung ihrer Eltern freien Eintritt. Es gibt auch eine Familienkarte für 7,30 €, diese gilt für Eltern mit ihren eigenen Kindern bis 14 Jahren.

Falls Sie ein bisschen mehr Zeit mitbringen für Ihren Rosenheim Urlaub, empfehle ich Ihnen, im

Sommer auch an einen der nahegelegenen Seen zu fahren. Diese laden zu Sport und Entspannung ein!

Joggen

Wenn Sie gerne joggen, laufen Sie doch einfach am Inn oder der Mangfall entlang. Damit sind Sie nicht nur sportlich unterwegs, sondern können gleichzeitig auch die herrliche Landschaft genießen.

Mangfallpark

Zur Landesgartenschau 2010 wurde der Mangfallpark vielfältig gestaltet und Kinder lockt ein Spielplatz. Gehen Sie entspannt auf einem der Wege spazieren und genießen Sie anschließend eine Tasse Kaffee im originellen Café Arche. Dieses nette Café ist ein Holzhaus, erbaut in Form eines Bootes. Direkt daneben gibt es übrigens auch einen Minigolfplatz.

Ein ausgiebiger Spaziergang in dieser wunderschönen Stadt und das Verweilen in einem der guten Cafés oder Restaurants haben ebenfalls immer einen einmaligen Erholungswert auf mich. Überzeugen Sie sich selbst davon!

Kino, Konzerte und Theater

Citydome Rosenheim

Kufsteiner Straße 34

www.citydome-rosenheim.de

Tel.: +49 (0) 8031 400800

Erholen Sie sich doch von Ihrer abwechslungsreichen Stadtbesichtigung bei einem guten Film in einem der acht Kinosäle des Citydomes! Mit dem Restaurant „Alte Gießerei" ist auch für Ihr leibliches Wohl gesorgt und Sie können hier einen originalen Braukessel bestaunen und sich dabei unter anderem ein Steak, einen Burger oder eine Ofenkartoffel schmecken lassen. Das Kino hat montags bis samstags ab 13:30 Uhr und sonntags ab 10:00 Uhr geöffnet.

Kultur- und Kongresszentrum KuKo

Kufsteiner Straße 4

www.kuko.de Tel.: +49 (0) 8031 3659365

Hier werden Ihnen verschiedenste Veranstaltungen geboten – von Kabarett-Auftritten und Schlagerkonzerten über Musicals und Opernstücke bis hin zu Klassik-Konzerten mit Weltstars und Gastauftritten international renommierter Orchester und Dirigenten. Lassen Sie sich begeistern von der Vielfältigkeit des Kulturzentrums in Rosenheim!

Rosenheimer Sommerfestival

Mangfallpark Süd, Rathausstraße 25
www.rosenheim-sommerfestival.de

Besuchen Sie eines der beliebtesten Musikfestivals der Region! Das Rosenheimer Sommerfestival bietet Ihnen jedes Jahr im Juli verschiedene Konzerte nationaler und internationaler Stars wie Nena, James Blunt, Alvaro Soler und vielen mehr.

Theaterinsel Rosenheim

Chiemseestraße 8
www.theaterinsel.de

Es gibt hier in Rosenheim mehrere kleine Theater, ich persönlich empfehle Ihnen die Theaterinsel. Hier werden Theaterstücke aus Eigenproduktion aufgeführt und es finden ebenfalls Konzerte und Poetry Slam's statt.

Bars und Clubs

Ob noch auf einen Cocktail in die Bar oder die ganze Nacht in einen Club – das Nachtleben Rosenheims ist vielseitig. Entdecken Sie meine Lieblingsbars und -clubs!

Lausa Bar

Kaiserstraße 5

www.lausa.bar

Tel.: +49 (0) 175 7516984

Genießen Sie einen unvergesslich guten Cocktail in einer modernen, schön eingerichteten Bar und dazu eine Musikmischung aus Swing, Funk, Soul und Groove. In der Lausa Bar werden Sie donnerstags, freitags und samstags willkommen geheißen. Die Preise sind etwas höher, aber diese Cocktails sind es auf jeden Fall wert!

Hang Loose Bar

Samerstraße 12

www.hang-loose.bar

Tel.: +49 (0) 8031 3509788

Sie bezeichnen sich selbst als „die wohl chilligste Bar in Rosenheim" und haben damit definitiv recht. In dieser gemütlichen Bar können Sie sich von mittwochs bis samstags einen Cocktail für den durchschnittlichen Geldbeutel gönnen und kostenlos eine Runde Kicker spielen. Und im Sommer genießen Sie Ihren Cocktail oder ein kühles Bier im herrlichen Biergarten.

Arte & Vino

Weinstraße 4
www.arte-vino.de
Tel.: +49 (0) 8031 219187

Lassen Sie den Tag mit Freunden und Familie bei einem guten Glas Wein ausklingen. Dazu werden Ihnen leckere, kleine Gerichte angeboten, die Sie unbedingt probieren sollten. Wenn Ihnen Wein nicht zusagt, werfen Sie einen Blick auf die Cocktail- und Spirituosenkarte. Hier werden Sie montags bis samstags empfangen, die Preise sind durchschnittlich.

Und falls Sie die Nacht durchtanzen möchten, schauen Sie hier vorbei:

Innstitut

Am Roßacker 7

www.facebook.com/innstitutrosenheim/

Tel.: +49 (0) 8031 3509779

Das Innstitut in Rosenheim ist „die Welle der elektronischen Tanzmusik". Feiern Sie hier die ganze Nacht zum besten Elektro, den die Region zu bieten hat. Hier legen szenebekannte Stars wie Felix Kröcher und Wankelmut auf. Und das zu durchschnittlichen Preisen.

LOFT Club

Kolbermoorerstraße 20

www.loft-rosenheim.de

Ob Schlagerparty, Ü-30-Party, 90er Party, Rock- oder Hip-Hop-Nacht: Die Veranstaltungen sind bunt gemischt und lassen keine Wünsche offen. Und dabei können Sie hier immer ausgelassene Stimmung genießen! Feiern Sie hier bei durchschnittlichen Preisen.

Tipps für den besonderen Rosenheim Trip

AUF DEN SPUREN DER ROSENHEIM-COPS

Wer kennt sie nicht – die Rosenheim-Cops! Seit 2002 wird dieser Vorabend-Krimi im ZDF ausgestrahlt und Millionen von Deutschen sind seit Jahren regelmäßig dabei, wenn Frau Stockl Kommissar Hofer und Kollegen mitteilt, „es gabad a Leich" (es gibt eine Leiche). Der Schauspieler Joseph Hannesschläger, der den allseits beliebten Kommissar Hofer verkörperte, ist jedoch Anfang 2020 verstorben und nun ermittelt eine neue Kommissarin. Einige der Drehorte dieser Serie befinden sich direkt in Rosenheim und so wird für die Fans die spezielle Führung „Auf den Spuren der Rosenheim-Cops" angeboten. Erleben Sie die Heimat der Rosenheim-Cops und entdecken Sie nicht nur die Polizeistation. Die Führung findet immer samstags um 16:00 Uhr statt und von Juni bis September zusätzlich mittwochs um 18:00 Uhr sowie sonntags um 11:00 Uhr. Sie dauert ca. 1 bis 1,5 Stunden und Treffpunkt ist das Parkhaus P1, an der Touristinfo. Die Teilnahme kostet 7 € pro Erwachsenen und für Kinder von 5 bis 17 Jahren 5 €. Eine Anmeldung ist nicht erforderlich, aber sinnvoll, da die Teilnehmerzahl begrenzt ist. Melden Sie sich am besten unter der Telefonnummer +49 (0) 8031 3659061 an.

ROSENHEIMER HERBSTFEST

Zwischen Kaiserstraße und Kapuzinerweg
www.herbstfest-rosenheim.de

Schon seit 1861 findet alljährlich das zweiwöchige Rosenheimer Herbstfest statt, es gilt als das viertgrößte Volksfest Bayerns. Und wenn Sie hier vor Ort jemanden über die „Wies'n" reden hören, dann wissen Sie, dass da ein Rosenheimer über sein Herbstfest spricht: Der Name kommt von der Loretowiese, auf der das Fest stattfindet. Ende August ist es dann endlich wieder soweit: Das Herbstfest beginnt! Der Rosenheimer geht in Tracht auf seine Wies'n und das dürfen Sie ihm gerne nachmachen. Schauen Sie dazu doch in einem meiner Lieblingstrachtenhäuser vorbei. Schlendern Sie dann gemütlich über das Festgelände und lassen Sie sich dabei Zuckerwatte, gebrannte Mandeln oder andere Leckereien schmecken. Und danach probieren Sie doch eines der zahlreichen Fahrgeschäfte aus, da ist für jedes Alter etwas dabei! Genießen Sie das Flair eines bayerischen Volksfestes auch in einem der beiden Festzelte. Entscheiden Sie sich zwischen der Auer-Bräu-Festhalle mit der traditionellen Ochsenbraterei und dem größten freistehenden Festzelt Europas, dem Flötzinger-Bräu Festzelt, welches mit traditionellen Kränzen und Bildertafeln geschmückt ist. In beiden gibt es zu einer Maß (1-Liter-Krug Bier) leckere, traditionelle Speisen zu genießen. Wie wäre es zum Beispiel mit Käsespätzle, Schweinebraten, knusprigen Hähnchen oder einer Brotzeitplatte? Wenn Sie jedoch lieber Fisch anstatt Fleisch oder Käse mögen, sind Sie vor allem in der Fischbraterei Bierbichler gut aufgehoben. Und für ein Glas Prosecco und ein Stück Kuchen schauen Sie doch danach noch im Prosecco-Stadl vorbei! Und noch ein kleiner Extra-Tipp bei einem Herbstfest-Besuch: Falls Sie mit einem der hübschen Rosenheimer „Rosen" „obandl'n" (d.h. flirten) wollen, achten Sie darauf, wie ihre Dirndlschürze gebunden ist. Befindet sich die Schleife vorne rechts, ist die Trägerin bereits in festen Händen, vorne links bedeutet, dass die Trägerin noch zu haben ist. Eine Schleife hinten in der Mitte bedeutet, dass die Trägerin verwitwet ist. Wenn Sie jedoch mit einem der „fesch'n Mannsbuida" (hübschen Männer) obandl'n möchten, dann probieren Sie es einfach auf gut Glück – hier gibt es bei der Tracht keinen Hinweis darauf, ob ledig oder vergeben.

CHRISTKINDLMARKT

Max-Josefs-Platz

Der Schnee fällt in dicken Flocken vom Himmel, Sie sind warm eingepackt und haben den Duft von Glühwein und gebrannten Mandeln in der Nase – willkommen auf dem Rosenheimer Christkindlmarkt! Seit 1984 treffen sich hier die Rosenheimer in der Vorweihnachtszeit, es ist einer der schönsten Weihnachtsmärkte des Voralpenlandes. Über 50 weihnachtlich dekorierte Verkaufsstände mit einzigartigen, beweglichen Märchen- und Tierfiguren auf ihren Dächern laden Sie auf einen Rundgang ein. Sie finden hier handgemachte Naturseifen, Gestricktes, Holzspielfiguren, handgeschnitzte Krippen, Christbaumschmuck und viele weitere tolle Geschenkideen für Ihre Liebsten – oder gönnen Sie sich einfach selbst etwas! Um sich aufzuwärmen, empfehle ich Ihnen eine gute Tasse Glühwein oder einen Punsch, zum Beispiel bei dem netten Stand „Zu den Sennerinnen". Für den kleinen Hunger zwischendurch gibt es dann gebrannte Mandeln, Zuckerwatte und Maroni. Und falls Sie doch mehr Appetit haben, entscheiden Sie sich zum Beispiel zwischen Baguette, Suppe, Bratwurst oder Flammbrot. Für Unterhaltung sorgt das täglich wechselnde, kostenlose Bühnenprogramm, von Alpenbläsern bis zum Gospelchor. Genießen Sie diese herrliche vorweihnachtliche Stimmung mitten in Rosenheim!

STREET-FOOD-MARKET ROSENHEIM

Am Ludwigsplatz und Max-Josefs-Platz

Seit einigen Jahren gibt es nun schon den Street-Food-Market in Rosenheim und es ist jedes Jahr ein Muss für mich, vorbeizuschauen und neue Spezialitäten zu entdecken. Leckere, internationale und extravagante Küche wird Ihnen hier direkt vor Ort in Foodtrucks, das sind zu Küchen umfunktionierte Fahrzeuge, sowie in Garküchen zubereitet. Genießen Sie eine kulinarische Reise um die Welt im oberbayerischen Rosenheim! An zwei Tagen Ende Mai können Sie zwischen 11:00 Uhr und 23:00 Uhr die verschiedensten Köstlichkeiten ausprobieren.

SPEKTAKEL ROSENHEIM

Stadtzentrum Rosenheim

Wegen des großen Erfolges im ersten Jahr wird nun im Juli 2020 zum zweiten Mal das internationale Straßenkunst Festival SPEKTAKEL in Rosenheim stattfinden. Nutzen Sie diese Gelegenheit und kommen Sie bei Ihrer Stadtbesichtigung in den Genuss, Straßenkünstler aus der ganzen Welt zu erleben. Über Musik, Comedy und Akrobatik bis hin zu Magie ist für Groß und Klein Allerlei geboten. Der Eintritt ist frei. Jedoch wird darauf hingewiesen, dass die teilnehmenden Künstler vom sogenannten „Hutgeld" leben. Das heißt, Sie dürfen am Ende der Vorstellung Geld in den Hut des Künstlers werfen. Nach den einmaligen Vorstellungen, die Ihnen hier geboten werden, tun Sie das auch garantiert gerne.

EXTRA

Sprachführer Bayerisch

Der bayerische Dialekt „boarisch" wird in Rosenheim von Jung und Alt ganz selbstverständlich gesprochen. Damit Sie als „Zuagroasda" (Zugereister) nicht ganz unvorbereitet sind, führe ich Sie hier ein wenig in diesen wundervollen, urigen Dialekt ein.

Zur höflichen Begrüßung sagen Sie „grias God" (Grüß Gott) und zur Verabschiedung „pfia God" oder „pfiat Eana". Weniger förmlich reicht auch ein kräftiges „Servus!", sowohl zur Begrüßung als auch zum Abschied. Nun kommen Sie in Begleitung an einem heißen Sommertag in einen überfüllten Biergarten und sehen gerade noch die letzten freien Plätze auf einer Bierbank – jetzt fragen Sie ganz höflich „Grias God beinand, kannd ma uns do no dazua hocka?" (Grüß Gott alle zusammen, könnten wir uns da vielleicht noch hinzusetzen?). Die Formulierung „Grüß Gott" darf dabei übrigens nicht zu wörtlich genommen werden, es ist einfach seit Generationen die normale Begrüßung und lässt keineswegs auf die Gottesfürchtigkeit des Einzelnen schließen. Aber zurück zum Biergarten. Auf Ihre Frage hin antwortet Ihnen der Bayer „Ja freile, hockts eich nua zuaba", was so viel bedeutet wie „Ja selbstverständlich, nehmt ruhig Platz!". Oder auch mit einem netten „Freile, hockt's eich heara, dann samma meara!" (Selbstverständlich, setzt euch her, dann sind wir mehr). Hier sieht man schon, dass einen der Bayer, gerade in lockeren Situationen wie im Biergarten, oftmals duzt. Bei der „fesch'n" (hübschen) Bedienung bestellen Sie sich dann „a Maß" (einen 1-Liter Bierkrug) zu Ihrem „Schweinsbron" (Schweinebraten). Wer es lieber vegetarisch mag, nimmt einfach die „Kaasspotzn" (Käsespätzle) oder probiert „an Obazdn", das ist eine bayerische Käsespezialität mit Camembert, Zwiebeln, Paprika, Kümmel und Butter.

Sobald das fesche „Dirndl" (Mädchen) Ihnen dann Ihre Bestellung gebracht hat, bedanken Sie sich freundlich mit einem „mease". Mit „de Leid" (den Leuten) am Tisch können Sie auch leicht ins Gespräch kommen, also „ratsch'n" (sich unterhalten), und sicherlich „vui Gaudi ham" (viel Spaß haben). Gut möglich, dass Sie dann nach „oa, zwoa" (ein, zwei) Maß „auf's Heisl" (auf die Toilette) müssen, zum „biesln" (Wasser lassen). Auf der Toilettentür wird Ihnen oft der Hinweis gegeben, wo Sie richtig sind: Bei den „Madl'n" (Mädchen) oda „Buam"

(Buben). Ein Biergarten bietet auch die ideale Gelegenheit zu „obandln" (flirten) und unter dem Tisch wird „g'fuaßlt", also Fußkontakt aufgenommen und ab und an gibt's auch „a Bussal", ein Bussi. Richtige Bayern gehen übrigens bei ihrer Angebeteten zum „fensterln", dabei wird in der Nacht mit der Leiter zum Fenster der Angebeteten gestiegen. Zurück zum Biergarten. Falls Ihr Tischnachbar seine Maß verschüttet, wird dies höchstwahrscheinlich mit einem lautstarken „Zefix nommoi na!" begleitet. Auch wenn „zefix" von „Kruzifix" (Kreuz) abstammt, ist dies keineswegs ketzerisch gemeint, sondern ein universell gebrauchter Fluch.

Ihnen wird bald auffallen, dass der Bayer allgemein einen Hang zum Fluchen hat. Es kann weiter gut sein, dass Sie als „Breiß" bezeichnet werden, so nennt man hier im Allgemeinen Deutsche, die nicht aus Bayern kommen. Und bei Kommunikationsschwierigkeiten wird gerne mal mit einem „hosd mi?" nachgehakt, das bedeutet so viel wie „hast du mich verstanden?". Wenn Sie nun durch das „g'miadliche beianand hocka" (gemütliche Zusammen sitzen) ganz die Zeit vergessen haben, „pressiert's auf amoi" (sind Sie plötzlich in Eile). Verabschieden Sie sich nun mit einem „Jez pressiert's ma aba! Schee war's, hobe d'Ehre" (Jetzt hab ich's aber eilig! Schön war's, habe die Ehre). Gerade die Verabschiedung „habe die Ehre" finde ich persönlich besonders schön, zeigt sie doch letztendlich, wie höflich die Bayern miteinander umgehen. Jetzt machen Sie sich fesch, damit es „Omd's auf d'Roas geh ko", „zum furt-geh", beides Ausdrücke für das Weggehen am Abend. Dazu ziehe ich mir auch des Öfteren „a fesch's Gleidl o" (ein schickes Kleid an). Wenn der Bayer dann „omd's z'diaf ins Glasl g'schaud hod" (abends zu tief ins Glas geschaut hat), trinkt er morgens auch mal eine „Konterhoibe". Bei einer „Konterhoibe" handelt es sich um ein Bier am Morgen, um gegen den Kater zu „kontern". Wissenschaftliche Belege für die Wir-kung sind mir jedoch nicht bekannt.

Dies geht nun jedoch am besten, wenn Sie mit ei-nem typischen bayerischen Frühstück in den Tag starten – dem berühmten Weißwurstfrühstück. Bei der Weißwurst handelt es sich um eine für hier typi-sche, aus Kalbsfleisch und Kräutern hergestellte Wurst in weißlicher Farbe. Auch wenn der erste An-blick nicht überzeugt, spätestens der erste Bissen tut es. Dazu gibt es eine gute, frische Breze und ein

Weißbier, und das Ganze wird vor 12:00 Uhr gegessen – denn der Bayer sagt, „de Weißwurscht deaf as Middogsleidn ned hean" (die Weißwurst darf das Mittagsläuten nicht hören).

Und „jezad hamma's füa's Erste" (jetzt haben wir's geschafft für's Erste): Für den Anfang sind Sie nun gut gerüstet, um „a bissal mit de Rosenheimer zum ratsch'n" (sich ein bisschen mit den Rosenheimern zu unterhalten).

Viel Spaß in Rosenheim

Sie wissen nun, was es mit den Rosen Rosenheims auf sich hat und kennen die Geschichte dieser schönen Stadt, von der Römerzeit bis zur Gegenwart. Für eine Stadtbesichtigung haben Sie erfahren, welche Sehenswürdigkeiten Sie sich nicht entgehen lassen sollten. Und egal, ob Sie es lieber sportlich, kulturell, entspannt oder mit einem Mix aus allen Dreien angehen wollen, Sie sind gerüstet für ein tolles Programm in Rosenheim. Entscheiden Sie sich nun in Ruhe für eine Unterkunft und genießen Sie dann von Anfang an Ihren Aufenthalt in vollen Zügen. Mit dem kleinen Sprachführer sind auch die Sprachbarrieren mit den Rosenheimern weniger geworden. Doch ganz ruhig, hier verstehen Sie sie auch, wenn Sie Hochdeutsch sprechen.

Nun bleibt mir nur noch übrig, Ihnen ganz viel Spaß und eine einmalige Zeit in Rosenheim zu wünschen. Oder wie der Rosenheimer sagt: Habt's a Gaudi und macht's eich a scheene Zeit bei uns!

Alle genannten Preise sowie Öffnungszeiten in diesem Buch sind auf dem Stand März 2020, ohne Gewähr.

Herstellung und Verlag:

BoD – Books on Demand, Norderstedt

ISBN: 9783751960519

1. Auflage

Kontakt: Psiana eCom UG/ Berumer Str. 44/ 26844 Jemgum

Covergestaltung: Fenna Larsson

Coverfoto: depositphotos.com